GRAFISMOS

+4 ANOS

ESCREVER E APAGAR

abremente

70 ATIVIDADES

+ CANETINHA COM APAGADOR

Catapulta

Abremente Grafismos
Os editores de Catapulta

Título em francês: Graphismes
Título em espanhol: Abremente Grafismos
Adaptado ao português por: Natasha Polak

Primeira edição.

Catapulta Editores Ltda.
Rua Passadena, 102, CEP: 06715-864,
Cotia, São Paulo, Brasil.
E-mail: info@catapulta.net - Web: www.catapulta.net

ISBN N° 978-65-5551-128-4

Impresso na China em julho de 2024.

Dados Internacionais de Catalogação na Publicação (CIP)
(Câmara Brasileira do Livro, SP, Brasil)

Abremente grafismos / [editores e tradutores da Catapulta ; adaptado por Natasha Polak]. -- 1. ed. -- Cotia, SP : Catapulta, 2024. -- (Abremente escrever e apagar)

Título original: Abremente grafismos.
ISBN 978-65-5551-128-4

1. Alfabetização - Literatura infantojuvenil 2. Aprendizagem - Literatura infantojuvenil
I. Polak, Natasha. II. Série.

23-187583 CDD-028.5

Índices para catálogo sistemático:
1. Literatura infantil 028.5
2. Literatura infantojuvenil 028.5

Tábata Alves da Silva - Bibliotecária - CRB-8/9253

Direção de projeto: Natasha Polak
Coordenação de equipe: María José Lucero
Coordenação de arte: Cynthia Orensztajn

Coordenação de coleção: Ariela Kreimer
Edição: Valeria Iozzo
Coordenação de consultoria: Diego Barros
Consultoria didática: María Susana Barros - Florencia Tassara

Tradução para o português:
Carolina Caires Coelho
Revisão de estilo para o português:
Rhennan Santos

Colaboração de arte: Silvina Álvarez
Ilustração de personagens: Mariela Califano

Contribuições originais:
Thomas Bourguet, Jean-Louis Broust, Françoise Dufreneix, Elsa Duval, Marie-Sophie Ferquel, Corinne Fleury, Édouard Gentaz, Élisabeth Gildé, Capucine Jahan, Brigitte Legendre, Laure Maj, Karine Marigliano, Olivia Maschio Esposito, Marjorie Seger, Emmanuelle Serrero-Després, Laure Tivolle, Marie-France Wolfsperger.
Ilustração: Géraldine Cosneau, Marion Billet (capas).
Diagramação: Nord Compo.

abremente

GRAFISMOS

Uma canetinha com apagador que permite escrever e apagar nestas páginas várias vezes.

NESTE LIVRO VOCÊ ENCONTRARÁ:

Propostas originais para observar
e identificar grafismos e aprender
a traçá-los com soltura.

+

Propostas criativas para se divertir
e compartilhar, brincando com atividades
que promovem o letramento.

Personagens que acompanham esta viagem pelo mundo dos grafismos.

Alto-relevo nos grafismos para percorrer com os dedos.

Divirtam-se procurando nesta imagem os traços que aprenderam e marquem quais são eles. Vocês conseguiram encontrar todos?

Tentem escrever e apagar nesta página.
Que tal desenhar muitas vezes
o que vocês quiserem?

Risquem as fitas das dançarinas.
Vocês imaginam qual música
elas estão dançando?

Passem os dedos sobre os grafismos.
Divirtam-se fazendo isso lentamente
e depois cada vez mais rápido.

Tracem os pulos destes sapos e os voos destas abelhas. Vocês sabem imitar os sons destes animais?

Usem tintas e cotonetes para fazer pontos de cores diferentes em uma folha de papel. Façam pontos de tamanhos diferentes, apertando os cotonetes com mais ou menos força. Vocês verão o quanto é divertido!

Consigam, no banheiro, creme de barbear. Em uma superfície lavável, coloquem e esparramem um pouquinho do creme. O jogo é fazer linhas enroladas contínuas com o dedo indicador. Vocês conseguiram? Vejam quem consegue fazer a mais longa!

Procurem uma fita elástica. Amarrem-na bem esticada em duas cadeiras e deixem suas extremidades à mesma altura nos dois lados. A ideia é passar por baixo sem encostar nela! Repitam a brincadeira colocando a fita cada vez mais baixa.

Criem um quebra-cabeça. Escolham uma fotografia impressa de que vocês gostem e colem-na sobre um papelão. Com uma tesoura, façam vários cortes em forma de linhas com curvas contínuas, uma embaixo da outra, para obter várias peças. Brinquem armando-o e desarmando-o!

O desafio é brincar com lápis de cor deixando-os em pé sobre uma superfície plana. Vocês conseguiram? Em seguida, imaginem que um deles é um foguete, segurem-no com as mãos e façam como se ele estivesse decolando e voando até o céu!

Passem os dedos sobre
os grafismos. Divirtam-se
fazendo isso sem interrupções.

Criem uma cruz com duas tiras de fita-crepe de igual comprimento. Colem as tiras cruzadas no chão: uma, em sentido horizontal, e a outra vertical, fazendo coincidir os centros de ambas. Andem sobre esta cruz e imaginem aonde cada caminho pode levar.

COMPLETEM AS JANELAS DA CASA E AS PIPAS.

Tracem a fumaça destes aviões
e o contorno da faixa. Escrevam uma
mensagem para um amigo nela!

Decorem estes biscoitos com os traços que aprenderam. Qual sabor vocês acham que cada um deles tem?

Procurem um pedaço de fio ou cordão de tecido. Desenhem com cola uma linha enrolada em uma folha de papel. Em seguida, tentem cobrir esse traço com o fio ou cordão. Vocês conseguiram? Agora, imaginem um personagem a partir dele e inventem uma história divertida.

Passem os dedos sobre os grafismos.
Divirtam-se fazendo isso com os olhos
abertos e depois com os olhos fechados.

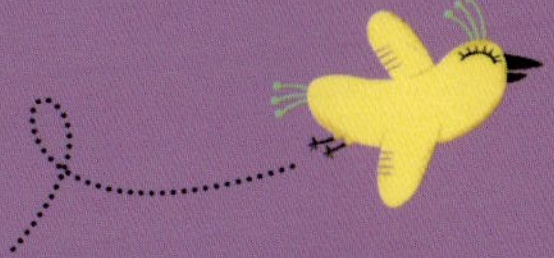

Em um papelão,
façam com um lápis duas
linhas onduladas iguais,
uma acima da outra, deixando
um espaço entre elas. Depois,
desenhem a cabeça de uma
jiboia de um lado e, do outro,
seu rabo. Finalmente,
recortem-na com cuidado.
Experimentem enrolar
fios de lã ao redor
de seu corpo!

Peguem lanternas e deitem no chão em um lugar bem escuro. Com o braço estendido para cima, iluminem com suas lanternas para ver tudo o que há no lugar. Prestem atenção! Agora, com os olhos fechados, contem o que viram.

Juntem muitas tampinhas de várias cores para fazer um arco-íris. Em uma cartolina, colem as tampinhas de maneira que cada faixa do arco-íris seja de uma cor diferente. Ao completá-lo, adicionem nuvens de algodão nas extremidades!

TRACEJEM A ENTRADA DE CADA CAVERNA E A CARA DE CADA URSO.

Construam uma rampa de papelão bem grande. Primeiro, recortem-no em tiras. Depois, colem estas tiras firmemente umas às outras com fita adesiva. Apoiem a rampa de um móvel até o chão e vejam quantos brinquedos vocês podem fazer escorregar nela.

Procurem um rolo de papel higiênico e cortem um pedaço que seja maior que a altura de cada um de vocês. Agora, peguem uma ponta com cada mão e tentem pulá-lo. Vocês verão que não é uma tarefa fácil! Quantos pulos vocês conseguem dar sem rasgar a corda de papel?

RISQUEM
OS BALANÇOS
DESTE PARQUE.

Peguem um baralho
e montem casinhas com ele.
Peguem duas cartas e tentem
colocá-las em equilíbrio,
apoiando uma contra
a outra de forma oblíqua.
Vocês conseguiram?
Em seguida, derrubem-nas
com um sopro bem forte!

Passem os dedos sobre os grafismos.
Divirtam-se fazendo isso com os olhos abertos e depois com os olhos fechados.

Procurem um calendário semanal com espaço para anotar diariamente a atividade mais divertida que fizeram. Depois, risquem com linhas oblíquas cruzadas os dias que já passaram. Vocês conseguem fazer isso com um calendário mensal?

Decorem estes pirulitos
com os traços que aprenderam.
Qual deles é o mais bonito?

Decorem os guarda-chuvas
e adicionem pingos de chuva com os traços
que aprenderam. Vejam como podem
alegrar este dia chuvoso!

Construam uma ponte pênsil usando fita adesiva e vários palitos de tamanhos iguais. Cortem um pedaço longo de fita e, deixando as extremidades livres, colem os palitos. Formem uma curva com a fita e colem as pontas na abertura de uma porta. Façam um carrinho passar pela ponte!

Passem os dedos sobre os grafismos. Divirtam-se fazendo isso sem interrupções.

Recortem várias tiras de papel e enrolem-nas ao redor de um lápis para formar espirais. Vocês conseguiram? Agora, usem-nas para criar uma obra de arte! Vocês podem pintá-las, colá-las ou pendurá-las onde quiserem.

Construam um labirinto com uma caixa de sapatos. Primeiro, recortem a tampa em tiras. Depois, dentro da caixa, formem as paredes do labirinto, colando as tiras em sentido horizontal e vertical. Brinquem de passar por ele com uma bolinha!

Criem uma lupa de papel para brincar de detetives. Procurem uma tampa circular grande e outra menor. Em uma cartolina, tracem o contorno da grande e, no centro dela, o contorno da pequena. Recortem a lupa e peguem um palito de madeira para fazer o cabo!

COMPLETEM
AS RODAS
DOS VEÍCULOS.

Escolham uma cartolina e dobrem-na em zigue-zague para fazer um leque. Decorem-no com objetos que vocês tenham em casa, para que fique bem colorido. Vocês podem usar grãos, botões, fios e retalhos de tecido. Como ficou sua invenção?

Procurem moedas
de tamanhos diferentes
e colem-nas com fita-crepe
em uma folha de papel.
Agora, virem a folha
e raspem-na com lápis
de cor ou giz de cera sobre
o papel para descobrir
o que aparece. O que vocês
podem desenhar a partir
destes círculos?

Tracem o contorno dos prédios e das casas desta cidade. Tentem não levantar a canetinha da folha. Será que vocês conseguem?

Passem os dedos sobre os grafismos.
Divirtam-se fazendo isso lentamente
e depois cada vez mais rápido.

Livros com atividades e uma canetinha com apagador para entrar no mundo do letramento.

ESCREVER E APAGAR
abremente
PARA TRAÇAR VÁRIAS VEZES

Para acompanhar
o aprendizado dos

GRAFISMOS

Para **observar**, **identificar** e **aprender a traçar** os grafismos

Para se **divertir** e **compartilhar**

Alto-relevo nos grafismos

Atividades

Uma **canetinha com apagador** para **escrever e apagar** várias vezes

BRA

ISBN 978-65-5551-128-4